EFFET DE LA DENSITE DE MISE EN CHARGE SUR LE DEMARRAGE DES PINTADEAUX DE CHAIR DANS LA COMMUNE DE KORHOGO

Brou Gboko Konan Gatien[1*], Adou Coffi Franck Didier[2] ; Coulibaly Fatoumata[3]

[1*]Auteur correspondant : Brou Gboko Konan Gatien, UPGC ; BP 1328 Korhogo, République de Côte d'Ivoire. E-mail : gatienbrou@gmail.com
Tél : (+225) 47156400 / 02870461

[2]Adou Coffi Franck Didier, Ivoirien, Enseignant-chercheur, Maître-Assistant, Laboratoire de Biologie et Cytologie Animale, Ecole Normale Supérieure, Université de Cocody, 08 BP 10 Abidjan 08 (Cote d'Ivoire). Email : didier_adou@yahoo.fr

[3]Coulibaly Fatoumata, Laboratoire de Biologie, de Production et de Santé Animale, Institut de Gestion Agropastorale (IGA), Université Peleforo Gon Coulibaly (UPGC) de Korhogo. E-mail : dr.fattu@gmail.com

CIP a Camerei Naționale a Cărții

Brou, Gboko Konan Gatien.
Effet de la densite de mise en charge sur le demarrage des pintadeaux de chair dans la commune de Korhogo / Brou Gboko Konan Gatien, Adou Coffi Franck Didier, Coulibaly Fatoumata. – Chișinău : Generis Publishing, 2020 (Print on demand). – 39 p. : fig., tab.
Rez.: lb. engl., fr. – Referințe bibliogr.: p. 29-32.
ISBN 978-9975-154-78-9.
636.5.08(666.8)
B 84

Cover image: www.pixabay.com

Generis Publishing
Online orders: www.generis-publishing.com
Orders by email: info@generis-publishing.com

TABLE DES MATIERES

RESUME

Une étude a été menée à Korhogo en vue d'évaluer l'effet de la densité de mise en charge sur le démarrage des pintadeaux de chair. Les objectifs de cette étude étaient de déterminer la densité optimale de mise charge, d'évaluer les performances zootechniques et de déterminer le taux de mortalité des pintadeaux. Les travaux ont été réalisé sur 720 pintadeaux répartis en 2 lots avec des densités d'élevage de 15 et 30 sujets / m^2. Les résultats ont montré que les pintadeaux élevés en densité réduite de 15/m^2, présentaient des meilleures performances zootechniques que ceux élevés avec une densité de 30/m^2 avec une différence significative (Test Khi2, p-value < 0,05). La mortalité observée en densité réduite était de 33,33% soit trois fois plus grande que dans la densité de 15/m^2 (9,58%). Une différence significative (Test Khi2, p-value < 0,05) existait entre les mortalités des deux lots. La densité de mise en charge avait bien un effet sur les performances zootechniques et la mortalité des pintadeaux. En définitive, une densité de mise en charge comprise entre 15 et 30 sujets/m^2 pourrait être conseillée aux éleveurs.

Mots clés : *Densité, pintadeaux, démarrage, performances, mortalité, Korhogo.*

ABSTRACT

A study was carried out at Korhogo on the effect of stocking density on the start of guinea fowl. The objectives of this study were to determine the optimal loading density, to assess zootechnical performance and to determine the mortality rate of guinea fowl. The experiment took place on 720 guinea fowl divided into 2 lots with breeding densities of 15 and 30 subjects / m2. The results showed that the guinea fowls raised in density reduced by 15 / m2, presented better zootechnical performances than those raised in density of 30 / m2 with a significant difference (Khi2 test, p-value <0.05). The mortality observed in reduced density was 33.33%, three times greater than in the density of 15 / m2 (9.58%). A significant difference (Chi-square test, p-value <0.05) existed between the mortalities of the two batches. The stocking density did have an effect on the zootechnical performance and the mortality of the guinea fowl. Ultimately, a stocking density between 15 and 30 subjects / m2 could be advised to breeders.

Keywords*: Density, guinea fowl, start, performance, mortality, Korhogo.*

INTRODUCTION

Les productions avicoles constituent un maillon essentiel du système de production animale en Côte d'Ivoire (FAO, 2008). En effet, les coûts de production, généralement bas, et la relative facilitée de mise en œuvre ont fait de l'aviculture le secteur le plus dynamique de la production animale, avec un taux de couverture des besoins nationaux de l'ordre de 90% (Yao, 2012).

Parmi les races élevées, les poulets constituent l'essentiel du cheptel au niveau des volailles. L'élevage des canards, des dindes et surtout des pintades est plutôt minoritaire (Yao, 2012). La production nationale des pintades, qu'elle soit moderne ou traditionnelle, est faible et se voit approvisionnée par les marchés extérieurs (Kroman, 2018). La méléagriculture est à la fois source importante de revenus pour les paysans et de devises pour l'Etat.

Mais force est de constater qu'elle n'a pourtant, jusqu'à présent, fait l'objet que de peu de recherches en milieu tropical. La principale contrainte est la mortalité des jeunes dont le taux s'élève à plus de 60 %, due à diverses causes au nombre desquelles les erreurs d'élevage (Mishra *et al.,* 2001).

Il est bon d'indiquer que l'élevage de la poule est intimement lié à celui de la pintade (Boko *et al.,* 2011) qui débute également par une phase de démarrage. Cette phase est capitale car elle détermine l'avenir de la bande (Hippolyne, 2018).

En raison de la vivacité des pintadeaux, il est recommandé de leur réserver plus de places que pour les poussins ordinaires. Dans les normes, trois cents (300) pintadeaux suffisent pour une éleveuse prévue normalement pour cinq cents (500) poussins (FAO, 2008).

En phase de démarrage, il est donc nécessaire d'offrir aux pintadeaux un espace vital raisonnable afin de garantir le bien-être des animaux.

L'un des paramètres importants qui conditionne la réussite du démarrage des pintadeaux est la densité de mise en charge. C'est dans ce contexte que notre travail porte sur le thème : **« Effet de la densité de mise en charge sur le démarrage des pintadeaux de chair dans la commune de Korhogo »**

L'objectif général de ce travail est de déterminer la densité optimale de mise en charge afin d'orienter les méléagriculteurs sur le bien-être des animaux.

PRESENTATION DE LA ZONE D'ETUDE

Situation géographique

Situé entre le 8°26 et le 10°18 de latitude Nord et le 5°17 et le 6°19 de longitude Ouest, le département de Korhogo, se trouve au Nord de la Côte d'Ivoire. Chef-lieu de la région du Poro puis district des savanes, il est limité au Nord, par le département de M'bengue, au Nord-est par le département de Sinématiali, au Sud-est par le département de Niakaramadougou, au Sud par le département de Dikodougou et à l'Ouest par le département de Boundiali. Le département de Korhogo couvre une superficie de 12500 Km^2 avec pour accessibilité la voie routière et la voie aérienne (RGPH, 2014). La figure 1 ci-dessous présente la carte de la ville de Korhogo.

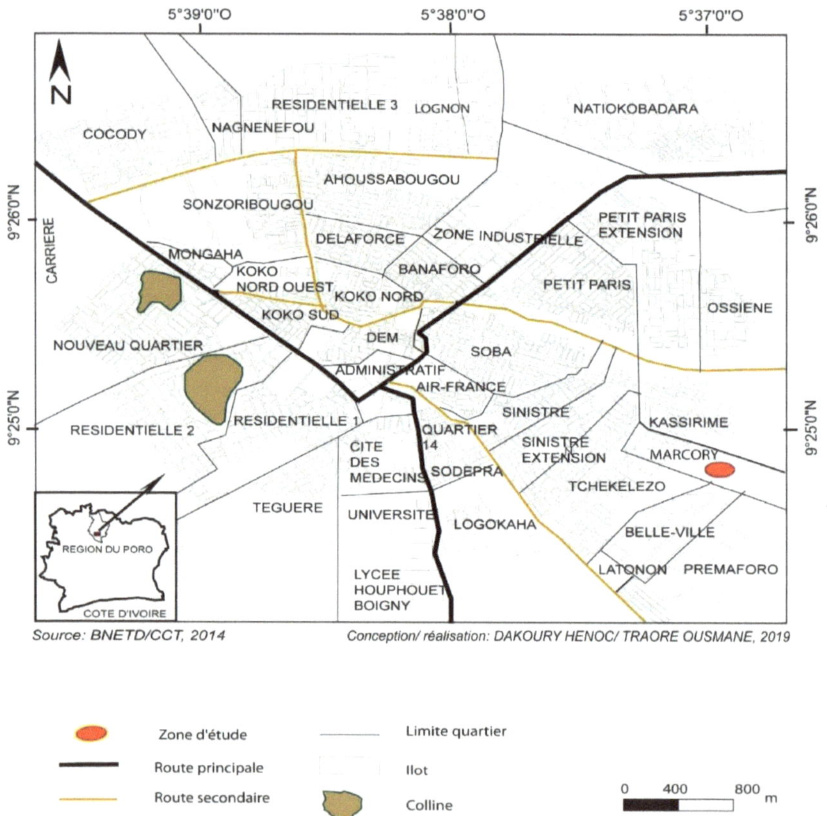

Figure 1 : carte de la ville de Korhogo (RGPH, 2014)

Population

La population est composée d'autochtones Senoufo, d'allochtones originaires de diverses régions de la Côte d'Ivoire et d'allogènes ressortissants des pays de la CEDEAO notamment des Burkinabés et Maliens (RGPH, 2014).

Climat

Le climat se caractérise par un climat soudano-guinée, marqué par deux grandes saisons. Une saison pluvieuse qui s'étend de Mai à Octobre (avec une pluviométrie annuelle qui varie entre 1200 mm et 1400 mm) et une saison sèche de Novembre à Avril. La saison sèche est accompagnée par l'harmattan entre les mois de Décembre et Février ainsi que des pointes de chaleur entre Mars et Avril (Yao, 2012).

Végétation et relief

La végétation est constituée de savanes herbeuses et arborées, avec des forêts-galeries tout le long des cours d'eau. Plusieurs forêts sacrées, dont l'accès est interdit s'y trouvent également. Le relief quant à lui est caractérisé par un vaste ensemble de plateaux, surmontés par endroits de dômes granitiques et de collines (Yao, 2012).

Economie

La majorité de la population de la ville de Korhogo tire son revenu des principales cultures agricoles, à savoir : le coton, l'anacarde, la mangue, le riz, le maïs, le mil et l'arachide. Le coton est la principale culture de rente suivie de l'anacarde et de la mangue. L'élevage tient aussi une place cruciale dans l'économie de la ville de Korhogo. Cette activité, à la fois traditionnelle et moderne, porte sur les bovins, les porcins, les ovins, les caprins et les volailles. Le commerce prend place en tant que seconde activité après l'agriculture. Le secteur industriel est faiblement représenté par les agro-industries que sont : les usines d'égrenage du coton, de traitements de la noix de cajou, de micro-rizeries (Yao, 2012).

PRESENTATION DE LA STRUCTURE D'ACCUEIL

Située au quartier « Marcory », la ferme avicole de M. SORO est une exploitation familiale. Elle compte jusqu'à quatre (04) bâtiments composés de plusieurs loges dans lesquelles sont disposées différentes espèces de volaille, notamment des pintades, des poulets de chair et des pondeuses. Dans l'enceinte de la ferme, des cases d'élevages sont érigées. Elles abritent des cailles et des lapins.

Historique

La ferme FATOGOMA, est née au sein de la cour familiale vers les années 1993. Elle pratiquait un élevage purement traditionnel. C'est à force de pratiquer cette activité que, très vite, Monsieur SORO s'est découvert une passion pour l'élevage. Le désir croissant de nourrir cette passion a valu l'agrandissement de la ferme au point de lui offrir aujourd'hui un local et diverses espèces d'animaux.

Missions

La ferme ¨SORO FATOGOMA¨ est spécialisée en élevage de pintades, de poulets de chair, de coquelets et poules pondeuses. Toute chose qui permet au propriétaire d'être présent sur le marché avicole de Korhogo et de répondre aux divers besoins du consommateur.

MELEAGRICULTURE

Présentation de la pintade

De son nom scientifique *Numida meleagris*, la pintade grise ou pintade commune est un oiseau sauvage originaire d'Afrique. Elle appartient à l'ordre des Galliformes, de la famille des Phasianidés et de la sous-famille des Numides (Tager *et al.,* 1992). L'oiseau est grégaire, terrestre et dodu, de taille moyenne (de 40 à 72 cm), a une petite tête cornée, une queue courte et pendante. Son poids peut atteindre 2kg. Le mâle est moins lourd que la femelle dans l'espèce méléagris (Boussini, 1995). La pintade prospère aussi bien en climat froid que chaud et son potentiel de production de viande et d'œufs mérite d'être mieux reconnu. En Afrique Occidentale, la ponte est étroitement confinée à la saison des pluies. Le premier œuf est normalement pondu à 18 semaines (FAO, 2004).

Mœurs comportementales de la pintade

La pintade même domestiquée garde beaucoup de ses habitudes ancestrales. L'alimentation, la ponte, la couvaison, l'élevage des jeunes sont réalisés collectivement. Pour s'alimenter, elle ne gratte pas le sol de ses pattes comme le fait le poulet, mais utilise son bec pour déchirer brusquement. Ceci entraîne aussi un gaspillage des aliments farineux dans la mangeoire (Le coz Douin, 1992). La pintade est par ailleurs très habile dans la chasse aux insectes qui font partie de son alimentation quotidienne complémentaire (Ayeni, 1983). Pour la ponte cela se fait dans un ou plusieurs nids collectifs. Certaines femelles semblent jouer le rôle de gardiennes des œufs tandis que les mâles, patrouillant à faible distance, sont chargés d'avertir du danger et de faire digression au cas où des indésirables se présenteraient (Gnassimgbé, 1983). Pour la couvaison et l'élevage des jeunes, l'instinct communautaire se manifeste de façon très nette. Beaucoup de femelles couvent ensemble sur les nids collectifs. Lorsque les femelles ont à leur disposition du sable humide, elles y enterrent leurs œufs. Lors de la domestication, la pintade se révèle mauvaise couveuse si on la compare à la poule (Grimont et Weill, 2007).

Mode d'élevage
Élevage traditionnel

Le système d'élevage le plus répandu est le mode traditionnel. Ce mode d'élevage tel qu'il est pratiqué dans les exploitations est un élevage en liberté totale (Hien, 1999). L'élevage de la pintade est basé sur un élevage en liberté dans lequel les animaux divaguent pendant la journée à la recherche de nourriture et d'eau, puis passent la nuit dans des bâtiments surpeuplés (Boko, 2004). Ce type d'élevage se prête assez mal à une exploitation industrielle et ne peut guère être utilisé pour un grand effectif (Dahouda, 2003). La taille des troupeaux est en général réduite et se situe entre 9 et 18 adultes en moyenne (Laurenson, 2002). Les animaux sont en divagation durant la journée et passent les nuits dans des abris sommaires ou dans la cour sur tout objet pouvant leur servir de perchoir (Bengaly, 1997). Dans ces abris sommaires, les règles d'hygiène sont pratiquement absentes (Baransaka, 1998). D'autres contraintes sont l'hétérogénéité et la densité des bandes d'oiseaux appartenant à un même éleveur. En effet, poussins, poules adultes, pintadeaux et pintades passent la nuit dans un même local. Un tel environnement pose le problème du non-respect de la densité requise autorisant une circulation équitable de l'air à l'intérieur du local (Sonaiya et Swan, 2004). On peut ainsi observer plus de 50 oiseaux au mètre carré contre la norme de 22 oiseaux au mètre carré, couramment utilisée en cages de ponte de type commercial (Salifou *et al.*, 2004). Ce non-respect des normes zootechniques et hygiéniques vont conduire sans doute à une baisse de la productivité numérique des pintades et poules.

Elevage moderne

La méléagriculture moderne s'effectue à partir de pintadeaux d'un jour, issus de couvoirs spécialisés, sélectionnés pour la production de chair. Ces pintadeaux d'un jour ont des potentialités de productivité (vitesse de croissance, poids de commercialisation) bien supérieures à celles des races locales traditionnelles. L'élevage de la pintade dans le cadre moderne se fait dans les mêmes bâtiments que ceux utilisés en élevage de poules et par conséquent les types d'élevage correspondent à ceux qu'on décrit en aviculture moderne en général (Sanfo *et al.*, 2007).

Elevage en claustration totale

C'est une méthode utilisée en général pour les moyennes et grosses unités. Les bâtiments sont clairs et munis d'ouvertures grillagées. Dans ces types de bâtiment, les pintades sont exposées à la panique et par conséquent aux étouffements qui constituent le plus gros risque de l'élevage de la pintade. L'élevage en claustration totale de la pintade présente des avantages et des inconvénients. Comme avantages, l'on peut citer la réduction de la durée d'élevage, et la surface nécessaire très faible (Opkokho *et al.,* 1987). Comme inconvénients, l'on peut relever la claustration qui constitue le plus gros facteur de réduction de la ponte (Soullier, 2010). Le plus gros inconvénient est le danger d'étouffement. Vient ensuite l'importance des investissements.

Elevage en semi-liberté

L'élevage en semi-liberté est le procédé qui consiste simplement à "emprisonner" un troupeau de pintade plus ou moins important dans un poulailler entouré d'un parc clôture. L'avantage majeur de ce type d'élevage est qu'il permet une réduction importante du poste alimentaire dans le budget dépense. D'autre part, le coût de l'installation est faible et enfin on obtient une meilleure qualité des pintades. Les inconvénients sont représentés par la nécessité d'une surface importante, l'allongement de la durée d'élevage et le risque de parasitoses. Celles-ci peuvent cependant être prévenues (Nagalo, 1984).

Performance de la pintade

L'intérêt économique de la pintade se mesure au poids à l'abattage, à l'âge d'entrée en ponte, à la quantité d'œufs produite par saison de ponte, à la période d'incubation, à la fertilité des œufs, à l'éclosabilité des œufs et au pourcentage de survie des pintadeaux (Ayorinde *et al.,*1989, Nwagu et Alawa, 1995). En Afrique, la pintade pond à partir de 7 mois d'âge. Le cycle de ponte se cantonne à la saison des pluies. Il commence en avril et dure environ 30 semaines (Bamogo, 2017). Dans les pays tempérés, le cycle dure 8 à 8,5 mois. Une pintade pond en moyenne 70-80 œufs par saison de ponte en Afrique contre 165-170 dans les pays tempérés. L'incubation est de 27 jours ; l'éclosabilité est de 86-88% dans les pays tempérés (Djovonou, 2009). Lorsque les conditions environnementales sont améliorées, la pintade de l'Afrique donne de meilleures performances. A la naissance le poids du pintadeau évolue de 25 grammes (g) en moyenne à 1200g à l'âge adulte (Dahouda, 2003). A l'âge adulte, elle dépasse rarement 1500g (Boko, 2011).

Quelques contraintes liées à la méléagriculture

Les contraintes à l'élevage des pintades sont multifactorielles, impliquant autant l'hygiène, l'habitat, que l'alimentation.

Contraintes sanitaires

La pintade en élevage fermier traditionnel jouit d'une grande rusticité (Dozier *et al.,* 2005). Mais elle n'échappe pas pour autant aux multiples problèmes qui freinent le développement de l'aviculture traditionnelle car son élevage ne bénéficie pas trop souvent de l'action des services vétérinaires (Nagalo, 1984). Les normes élémentaires d'hygiène sont absentes dans la conduite de cet élevage. Conçus pour toutes les espèces avicoles du producteur, les abris sont étroits et de nettoyage difficile. De ce fait, ils ne présentent aucune norme requise d'hygiène (Sanfo *et al.,* 2007). Cette pratique pose le problème de l'hygiène de l'habitat qui, de toute évidence contribue au développement des microbes et facilite ainsi, l'infection des oiseaux notamment les Argas (Boko, 2011). Or, l'Argas par exemple est un agent vecteur de la spirochétose (Borrelia anserina) qui pourrait intervenir dans la mortalité des pintadeaux (Salifou *et al.,* 2004).

Contraintes liées à l'habitat

L'emplacement des bâtiments répond peu aux contraintes de l'élevage de la pintade (Dahouda *et al.,* 2008). En effet, cet élevage est caractérisé par un habitat (poulailler), non spécifique à la pintade, mais destiné à toutes volailles de la basse-cour sans distinction d'âge ni d'espèce. Ces poulaillers sont très peu aérés et ne protègent pas correctement les animaux contre les intempéries, les prédateurs et les facteurs pathogènes (Dahouda et *al.,* 2007). Les toitures sont très vieilles et les murettes fissurées (Bengaly, 1994), pourtant les murs fissurés non crépis et le plancher non cimenté des poulaillers peuvent être facilement envahis par des ectoparasites (Nahashon *et al.,* 2006).

Contraintes liées à l'alimentation

La volaille a besoin des éléments nutritifs (énergie, protéines, sels minéraux, vitamines) pour se maintenir, croitre et se reproduire (Galor, 1990). L'aliment demeure de ce fait le moteur du développent avicole (Baransaka, 1998). Pourtant, selon Gnassimgbe (1983) l'alimentation au niveau de la méléagriculture est inconvenable faute de la connaissance exacte des besoins de la pintade. L'alimentation de cet oiseau est le plus souvent insuffisant en qualité et en quantité (Boko, 2004). Les carences, surtout en oligoéléments et en vitamines, affaiblissent les défenses de l'organisme et l'excès d'azote entraîne au niveau des différents appareils la production de substances irritantes et toxiques qui rendent les animaux plus réceptifs aux agents pathogènes (Laurenson, 2002). Les pintadeaux reçoivent au cours des 2 ou 3 premiers mois de leur sortie, du maïs mélangé à de la potasse (qui aurait une vertu laxative). La suite de l'alimentation est constituée d'abord par les termites auxquelles les céréales succèdent à partir d'un mois. L'alimentation mal équilibrée et souvent insuffisante est l'une des causes majeures de l'échec de l'élevage de la pintade (Sanfo *et al.,* 2007).

Pathologies

Les maladies constituent l'une des premières causes de mortalité dans les élevages. Mais, comparativement au poulet, la pintade est résistante à un certain nombre de maladies bactériennes et virales. Cependant, il n'est pas épargné de ses attaques virucides et bactéricides. Selon Galor (1990), 50% des troubles pathologiques de la pintade apparaissent avant l'âge de 4 semaines, 75% s'expriment avant six semaines. Les plus importants sont les maladies virales, les maladies parasitaires, les maladies bactériennes et les maladies de cause inconnue.

Maladies virales

Maladie de Newcastle

C'est une maladie virale due à l'action d'un paramyxovirus de sérotype 1. Le virus est très résistant à la température ambiante, il reste en infections longtemps (plusieurs mois) dans les matières fécales, 2 à 3 mois au sol, dans un poulailler, 7 à 8 mois sur une coquille souillée ; 2 ans et plus dans une carcasse non cuite et congelée. Aucune espèce de volailles n'en échappe. Néanmoins selon Le Coz Douin (1992), la pintade semble être résistante. Toutefois, à travers une étude réalisée sur la pathogénicité de la maladie sur les pintades avec deux souches du virus (l'une issue du poulet, l'autre de la pintade) Mishra *et al.,* (2001) ont montré que la pintade est sensible. La vaccination de la pintade serait donc nécessaire.

Maladie de gumboro

La maladie de Gumboro ou la bursite infectieuse est une maladie viruleuse, contagieuse et inoculable affectant les jeunes pintades. Le plus souvent isolée dans la bourse de Fabricius, le virus peut être présente dans tous les organes. La contamination se fait par voie orale directe ou indirecte. Les symptômes dépendant de l'âge et de la virulence du virus. L'animal est abattu, une anorexie, diarrhée blanchâtre profuse et aqueuse, le cloaque souillé. L'animal est toujours déshydraté, il présente une démarche chancelante avec la tête baissée. L'on peut constater une hémorragie (surtout au niveau des muscles pectoraux et des membres). Il faut donc faire le vaccin et désinfecter le poulailler avec du formol (Yao, 2012).

Maladies parasitaires

Helminthoses

Elles sont dues à la présence et au développement des helminthes dans les tractus digestifs et respiratoires des oiseaux (Boko, 2004). Selon Kroman (2018) la pintade héberge plus d'helminthes que le poulet. Les capillaires sont les helminthes les plus fréquemment rencontrés chez la pintade (surtout entre 6 et 8 semaines) et les plus pathogènes (Coz Douin, 1992). Salifou *et al.*, (2002) indiquent un taux d'infestation globale de 100% des pintades en milieu villageois avec une prévalence de 96,6% pour les nématodes et 20,6% pour les cestodes. Ces parasites créent dans le tractus génital une concurrence en nutriments assimilables par les oiseaux. Ils freinent la croissance des animaux. Le traitement approprié est le déparasitage (Djovonou, 2009).

Coccidiose

C'est une maladie parasitaire provoquée par des Protozoaires microscopiques du genre *Eimeria* localisés dans la paroi de l'intestin. La coccidiose est omniprésente dans tous les élevages (Boussini, 1995). Son rôle pathogène chez la pintade apparait relativement limité, lorsqu'il s'agit de la mortalité, des symptômes, des conséquences zootechniques (Coz Douin, 1992). Ce sont les parasites les plus importants (Boussini, 1995), car la coccidiose de la pintade est fréquente, économiquement coûteuse et de diagnostic difficile.

Maladie bactérienne : salmonellose aviaire

La salmonellose est provoquée par une bactérie du genre Salmonella, genre Gram négatifs appartenant au groupe des entérobactéries. C'est une bactérie pathogène intracellulaire facultative causant des infections locales Selon Grimont *et al* (2007). L'espèce Salmonella *pullorum gallinarum* est la plus hautement adaptée à la pintade. Elle est connue sous le nom de pullorose due à Salmonella pullorum pour les pintadeaux et de typhose due à *Salmonella gallinarum* lorsqu'il s'agit des adultes (Coz Douin, 1992). Elle se traduit par une diarrhée blanchâtre avec des excréments pâteux suivis d'une mortalité importante chez les pintadeaux. On observe chez les adultes une diarrhée jaune soufrée avec une mortalité variant entre 25 et 60% (Coz Douin, 1992). Les antibiotiques actifs contre les germes Gram négatifs et une bonne hygiène sont donc préconisé.

Maladie foudroyante ou maladie X

C'est une maladie à allure épizootique dont l'étiologie est encore mal connue (probablement virale) caractérisée par une apparition dans les élevages. Selon Le Coz Douin, (1992), elle n'atteint pas les autres volailles. Les oiseaux atteints font une diarrhée verdâtre puis une néphrite secondaire. Ils présentent aussi une anorexie avec un amaigrissement brutal. La mortalité atteint 60% sur les sujets âgés et 85% sur les jeunes animaux. Le traitement consiste en la prévention des infections. Néanmoins des études récentes ont permis de montrer que l'agent probable de la maladie foudroyante est un coronavirus dénommé GF-Cov, apparenté aux corovirus de la dinde (Dahouda *et al.*, 2008).

MATERIEL ET METHODES

MATERIEL

Matériel biologique

Matériel animal

Cette étude s'est portée sur un lot de 720 pintadeaux d'un jour non-sexués, issu d'une entreprise avicole de la ville de Korhogo.

Figure 2 : pintadeaux en phase de démarrage

Aliment

Au cours de cette étude, l'aliment utilisé est un concentré acheté dans une entreprise de la place et mélangé au maïs (figure 3).

Figure 3 : aliment utilisé au cours du démarrage

Matériel technique

Le matériel pour la collecte des données était composé de :

- peson électronique scale pour connaitre l'évolution du poids des pintadeaux ;
- téléphone portable servant d'appareil photo ;
- un ordinateur portable pour le traitement des données ;

Le matériel de travail quant à lui était composé de :

- abreuvoirs premiers âges pour l'hydratation des sujets
- plateaux démarrage pour faciliter l'accès à l'aliment
- 2 ampoules électriques de 100 W pour faire le chauffage dans les deux lots

METHODES

Dispositif expérimental

Pour mener à bien cette étude ,720 pintadeaux de chair ont été répartis en 2 lots de densités différentes à raison de 480 dans le lot 1 et 240 dans le lot 2. Les normes de densité d'élevage étaient telles que, dans le lot 1 les pintadeaux étaient à 30 par mètre carré et à 15 par mètre carré dans le lot 2.

Le bâtiment d'élevage a une largeur de 4m et une longueur de 8m. Il a été divisé en deux compartiments de 4m de largeur et 4m de longueur soit une superficie de 16m². Le bâtiment est orienté selon l'axe Est-Ouest permettant une meilleure ventilation et la pénétration du soleil.

Les plateaux et abreuvoirs étaient disposés de façon à avoir 1 plateau pour 50 pintadeaux et 1 abreuvoir 1er âge pour 50 sujets. Au total 10 plateaux démarrage et 10 abreuvoirs 1er âge ont été disposés dans la poussinière du lot 1. 5 plateaux démarrages avec 5 abreuvoirs 1er âge ont été disposés dans la poussinière du lot 2. Les pintadeaux dans les deux lots sont abreuvés à volonté. Toutes les autres modalités d'élevage étaient identiques. La litière était constituée de son de riz. Les animaux du lot 1 recevaient le double de la quantité d'aliment du lot 2. Pour éviter un gaspillage, ils recevaient la moitié de leur ration le matin aux environs de 7 heures. La seconde moitié leur était distribuée aux environs de 16 heures. Il en était ainsi jusqu'à la 3 et 4ème semaine où leur ration a augmenté progressivement suivant l'âge des pintadeaux.

Conduite d'élevage

Deux jours avant l'arrivée des pintadeaux, les bâtiments sont désinfectés à l'aide de produits adéquats. Au moment, de fait venir les pintadeaux, le nombre des abreuvoirs et des mangeoires est vérifié pour les deux lots. Les mangeoires et abreuvoirs sont disposés à raison d'un mangeoire premier âge pour 50 sujets et d'un abreuvoir premier âge de 5 litres pour 50 sujets. Ensuite ils sont rincés et séchés. Le bâtiment est désinfecté à nouveau avec un pulvérisateur. La litière constituée de son de riz, est étendue dans les poussinières. L'installation du système de chauffages est faite. A leur arrivée, les ampoules du chauffage sont d'abord mises en marche. Puis la vérification du nombre de sujets est faite, suivie de la pesée et de l'installation des pintadeaux. Pendant les 2 ^{ères} semaines, la lumière est maintenue 24h/24. Des visites de contrôle sont effectuées la journée et la nuit. La 3e semaine, la lumière de l'ampoule est maintenue 24h/24h. Mais les visites de contrôles sont effectuées qu'uniquement les soirs.

La 4e semaine, la lumière est mise en marche les soirs. Ou dès que la fraicheur se faisait sentir.

Collecte et analyse des données

Tous les pintadeaux sont pesés à jeûn tôt les matins, aux âges de 1,2, 3 et 4 semaines. 10 % sont pesés dans chaque lot. La sélection est aléatoire et sans distinction morphologique. A l'aide du peson électronique scale de précision 5kg. Les pintadeaux sont pesés dans un sceau, dont le poids à est connu d'avance. Lors de la collecte des données, trois principales valeurs sont recherchées : quantité d'aliment distribuée, la pesée hebdomadaire et le nombre de morts de sujets durant le démarrage.

Calcul des performances zootechniques

Les paramètres zootechniques ont été calculé à partir des formules du : Poids Moyen (PM), Gain Moyen Quotidien (GMQ), de l'Indice de Consommation de chaque lot et le Taux de Mortalité.

Consommation alimentaire

La consommation d'aliment (CA) journalière par sujet est déterminée en faisant le rapport de variation de la quantité d'aliment sur l'effectif des pintadeaux présent, selon la formule suivante :

$$CA\ ((g/sujet)/jour) = \frac{QAD(g)}{effectif\ présent}$$

QAD : quantité d'aliment distribuée ;

Poids moyen (PM)

Le poids moyen est déterminé en faisant le rapport de la somme des poids des individus pesés sur leur effectif, selon la formule suivante :

$$PM\ (g) = \frac{poids\ total\ des\ animaux\ pesés\ (g)}{éffectif\ pesé}$$

Gain moyen quotidien (GMQ)

Le Gain moyen quotidien a été calculé en faisant le rapport de la variation poids sur la période en jour, selon la formule suivante :

$$GMQ(g) = \frac{poids\ final\ (g) - poids\ initial}{période}$$

Indice de consommation (IC)

L'indice de consommation traduit l'effet de l'alimentation sur la croissance des sujets. Ainsi les pintadeaux ayant l'indice de consommation le plus bas seront ceux qui valorisent le mieux la nourriture

$$IC = \frac{Quantité\ d'aliment\ consommée\ pendant\ une\ periode\ (g)}{Gain\ de\ poids\ durant\ la\ meme\ periode\ (g)}$$

Taux de Mortalité

Le taux de mortalité exprimé en pourcentage, a été calculé à partir de la formule suivante :

$$Taux\ de\ mortalité = \frac{nombre\ de\ sujets\ morts\ x\ 100}{nombre\ de\ sujets\ de\ départ}$$

Traitement des données

Les données recueillis ont été ensuite saisies puis traités avec l'outil informatique à l'aide des logiciels Word et Excel. Afin de déterminer la consommation alimentaire, les poids moyens, les indices de consommation et le taux de mortalité.

RESULTATS

Consommation hebdomadaire d'aliments

La figure 4 montre l'évolution de la consommation alimentaire des pintadeaux durant le démarrage. Les pintadeaux ont reçu les mêmes types d'aliments dans les deux différentes densités. La consommation individuelle d'aliment de la première semaine est passée de 140 g à 350 g la quatrième semaine. En somme ils ont consommé 980 g d'aliments individuellement, au démarrage.

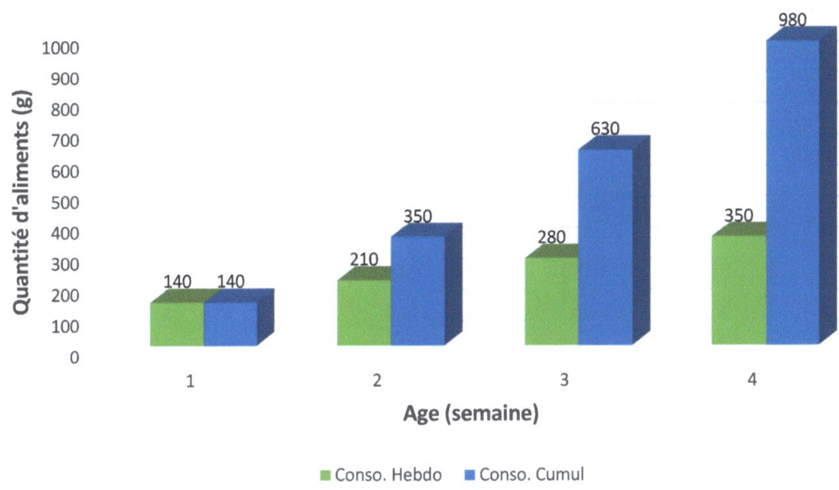

Figure 4 : Evolution de la consommation alimentaire des pintadeaux

Poids moyen

La figure 5 montre l'évolution du poids des pintadeaux pendant le démarrage, dans les deux lots.

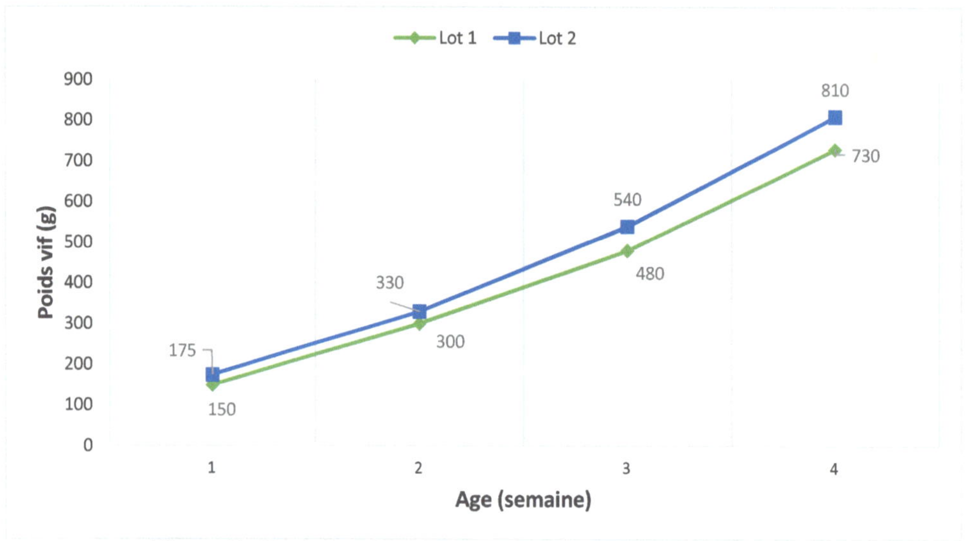

Figure 5 : Evolution du poids des pintadeaux dans les lots 1 et 2

Les valeurs obtenues ont été significativement plus élevées dans le lot 2 tout au long du démarrage. D'un poids de 30 g au départ, le poids moyen des pintadeaux du lot 2 est passé à 810 g à la quatrième semaine. En ce qui concerne les pintadeaux du lot 1, le poids moyen est passé de 30 à 730 g. Une différence de 80 g a été observée.

Gain Moyen Quotidien (GMQ)

La figure 6 ci-dessous présente l'évolution du GMQ des pintadeaux des lots 1et 2.

Les pintadeaux du lot 1 ont présenté un gain significativement plus faible que ceux du lot 2. D'un gain initial de 17,24 g à la première semaine, leur gain de poids a atteint à la dernière semaine 35, 71 g. Ceux du lot 2 étaient à 38, 57 g à la dernière semaine pour un gain de 20,74 g à la première semaine.

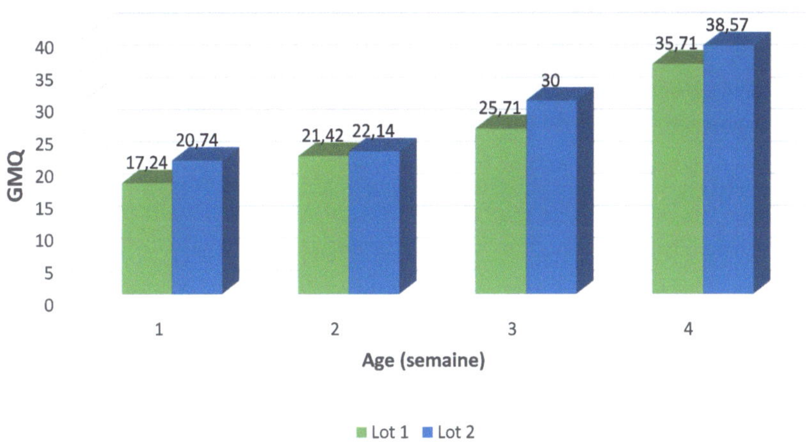

Figure 6 : Evolution du GMQ des pintadeaux dans les lots 1 et 2

Indice de consommation (IC)

La figure 7 ci-dessous présente l'évolution de l'Indice de Consommation des lots 1 et 2.

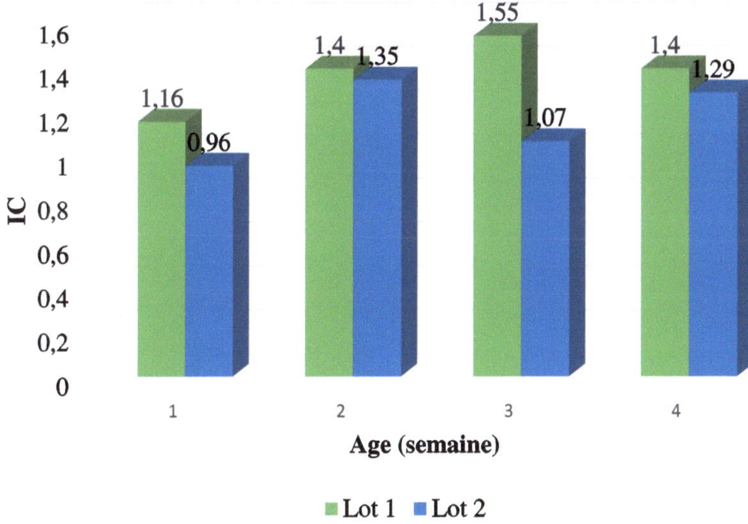

Figure 7 : Evolution de l'Indice de Consommation dans les lots 1 et 2

L'indice de consommation observé chez les pintadeaux du lot 1 est de 1,16 à la première semaine et passe à 1,4 à la quatrième semaine.

Celui des pintadeaux dans le lot 2 était de 0,96 à la première semaine et est passé à 1,29 à la quatrième semaine. L'IC du lot 1 (1,55) à la troisième semaine est largement supérieur à celui du lot 2(1,07) avec une différence de 0,48.

Taux de mortalité

La figure 8 présente les Taux de Mortalité enregistrés dans les lots 1 et 2.

La mortalité durant l'élevage a été faible 9,58% soit 46 mort chez les pintadeaux du lot 1, et plus importante chez les pintadeaux du lot 2 avec 33,33% soit 38 morts. La différence était de 23,75%.

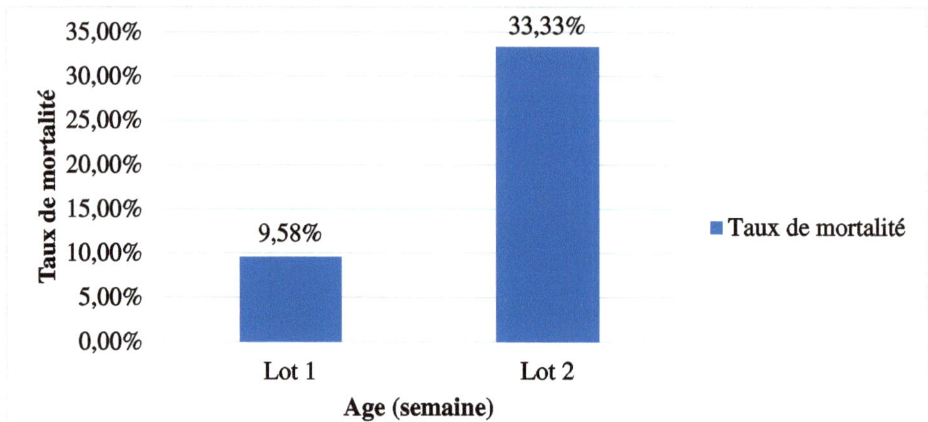

Figure 8 : Taux de mortalité des pintadeaux dans les lots 1 et 2

DISCUSSION

L'étude sur l'effet de la densité de mise en charge sur le démarrage des pintadeaux de chair dans la commune de Korhogo a porté sur deux lots de pintadeaux avec des densités différentes. Les résultats obtenus montrent que les pintadeaux du lot 2 avec une densité de mise en charge de 15 sujets/ m^2 ont obtenus des performances supérieures à ceux du lot 1 soit 30 sujets/ m^2. Les différences significatives observées confirment bon nombres d'études scientifiques publiées. Comme celle de Nahashon et al. (2006), Okpokho *et al.* (1987).

Dans tous les cas, les densités fortes entraînent des poids vifs notablement plus faibles. Dans notre cas on obtient respectivement 810 g et 730 g de poids vifs à la 4 semaines dans une poussinière de 16 m^2. Ceci peut être attribué à l'augmentation des mouvements et la compétition alimentaire entrainant la dépense énergétique chez les pintadeaux à 30 sujets / m^2 par rapport à ceux de 15 oiseaux / m^2. Nos résultats sont différents de ceux de Bamogo (2017), qui a obtenu 310,1g/sujet pour 80 pintadeaux et 315,1g/sujet pour 58 pintadeaux en 4 semaines avec une densité de 9 m^2. Ces différences peuvent s'expliquer par le fait que les sujets d'étude de Bamogo (2017), étaient des pintades de race local, qui génétiquement ont une vitesse de croissance relativement inférieure à celle des pintadeaux de chairs.

Cette étude a aussi montré que les pintadeaux élevés à des densités d'élevage de 15 pintadeaux /m^2 valorise mieux l'aliment que ceux élevés à une densité de 30 pintadeaux / m^2. Cela pourrait s'expliquer par le fait que les pintadeaux ont une grande vivacité. La forte densité limité et réduite augmente le stress physiologique pouvant conduire à une mauvaise performance des sujets et donc faible efficacité alimentaire.

Des études ont également montré que chez la pintade (Nahashon *et al.*, 2009), tout comme chez les poulets de chair (Dozier *et al.*, 2005) élevés à des densités d'oiseaux plus faibles tendent à consommer significativement plus d'aliments que leurs homologues élevés à des densités de plancher plus élevées.

Les taux de mortalités enregistrés étaient de 9,58% pour les pintadeaux dans la poussinière à densité élevé et de 33,33% pour les pintadeaux à densité faible. Cette différence de 23,75% entre la densité élevée et la faible densité s'explique par le fait que les pintadeaux du lot 2 ont présenté au cours du démarrage des symptômes de la coccidiose. Le taux de mortalité obtenu est supérieur à ceux obtenus par Dahouda *et al.* (2008), 12% en milieu contrôlé.

On constate que les pintadeaux du lot à forte densité ont meilleure taux de survie que ceux du lot à faible densité. Tandis qu'au niveau de la consommation et du gain de poids les résultats obtenus dans le lot 2 sont meilleurs.

RECOMMANDATIONS

Pour une meilleure production en méléagriculture, nous recommandons :

 Aux éleveurs de :

-de respecter les normes de construction des bâtiments d'élevage et les densités de mise en charge, en somme respecter les normes zootechniques ;

-distribuer de l'eau à volonté ;

-donner une alimentation de qualité en quantité suffisante ;

-veiller aux conditions d'ambiance dans les bâtiments ;

-respecter les doses prescrites en prophylaxie pour éviter les surdosages ;

-consulter de temps à autre les vétérinaires en vue d'être informé sur les pathologies ;

Aux techniciens d'élevage :

-assister les éleveurs si besoin se fait sentir ;

-sensibiliser les éleveurs sur les bonnes pratiques d'élevage ;

-collaborer entre éleveurs, techniciens et vétérinaires ;

-former les éleveurs pour la bonne pratique d'élevage.

CONCLUSION

L'étude sur la densité d'élevage nous a permis d'évaluer les performances zootechniques des pintadeaux de chair sur deux types de densité respectivement de $30/m^2$ et $15/m^2$. Au terme de cette étude, hormis la différence de 23,75% entre les taux de mortalité de la densité élevé (9,58%) et celle de la faible densité d'élevage (33,33%), les autres performances ont été meilleures avec une densité d'élevage faible. Mais, toutefois, ces différences ne sont pas suffisantes pour abandonner les densités élevées dans la production de pintade. Les résultats que nous avons présentés ont été obtenus qu'au cours d'un seul essai sur une courte période (4 semaines). Il serait beaucoup plus intéressant d'étendre ce genre d'expérimentation à d'autres types de pintadeaux (par exemple la race locale) si on voulait approfondir les problèmes liés à la densité d'élevage.

REFERENCES BIBLIOGRAPHIQUES

Ayeni J. S. O., 1983. The biology and utilization of helmeted guinea fowl in Nigeria: food of helmeted guinea fowl in Kainji Lake Bassin. *Afr. J. Ecol.*, 10p.

Ayorinde K. L., Ayeni J. S. O., Oluyemi J. A., 1989. Laying characteristics and reproductive performance of four indigenous helmeted guinea fowl varieties (Numidia meleagris galeata pallas) in Nigeria. Trop. Agric., 277-280p.

Bamogo I., 2017. Evaluation de la performance pondérale des pintadeaux mâles et femelles pendant le démarrage. 36p.

Baransaka C., 1998. Étude de l'aviculture moderne dans la zone de Bobo-Dioulasso et de l'utilisation de la pulpe de race. Mémoire de l'ingénieur du développement rural

Bengaly K., 1994. Amélioration de l'aviculture villageoise. Fiche synthétique d'informations.19p.

Bengaly K. 1997. Amélioration de l'aviculture villageoise : cas de la zone du Mali-Sud. In : Proceedings International Network for Family Poultry Development (INFPD) workshop, M'Bour, Sénégal, 9-13 décembre 1997, 72-78p.

Boko C. K., 2004. Contribution à l'amélioration de l'élevage villageois de la pintade locale dans le Département du Borgou (Nord-Est du Bénin). Mémoire d'Etudes Spécialises en gestion des Ressources Animales et Végétales en Milieux Tropicaux- Module de Formation des Eleveurs Relais Elevage des Pintadeaux, Université de Liège, Belgique, 45p.

Boko K. C., Kpodekon T. M., Dahouda M., Marlier D., Mainil J. G., 2011. Contraintes techniques et sanitaires de la production traditionnelle de pintade en Afrique subsaharienne, 12p.

Boussini T., 1995. Contribution à l'étude des facteurs de mortalité des pintadeaux au Burkina Faso, 131p.

Dahouda M. 2003, Elevage de la pintade locale dans le Département du Borgou: comparaison des caractéristiques de production en station et en milieu rural. Mémoire de DEA. Faculté de Médecine Vétérinaire de l'Université de Liège : Liège, 33 p.

Dahouda M., Toleba S. S., Youssao A. K. I., Bani K. S. Y., Acoubou A. S. et Hornick J. L., 2007. Contraintes à l'élevage des pintades et composition des cheptels dans les élevages traditionnels du Borgou au Benin. Réseau Int. Pour le Développement de l'Aviculture Familiale, N°17, 3-4p.

Dahouda M., Senou M., Toleba S.S, Boko C.K., Adandedjan J.C., Hornick J.L., 2008. Comparaison des caractéristiques de production de la pintade locale (*Meleagris numida*) en station et dans le milieu villageois en zone soudano guinéenne du Bénin. *Livest. Res.Rural Dev.*13p.

Dozier W. A., Thaxton J., Branton S. L., Morgan G. W., Miles D. M., Roush W. S., 2005. Density effects on male broilers grown to 1;8 kilogrammes of body weight. Poultry Science. 85. 1332-1338p

Djovonou T. R. G., 2009. Etude De La Rentabilité Economique De L'élevage Et De La Commercialisation D'œufs De Pintade Et De Pintade Chair, 52p.

FAO, 2004. Production en aviculture familiale, 140p.

FAO, 2008. Revue du secteur avicole ivoirien, 77p.

Galor T., 1990. Programme d'élevage de pintades chair. Galorfrance : Paris, 21 p

Gnassimgbe I., 1983. Contribution à l'étude de l'élevage de la pintade au Togo, 118p.

Grimont P. A. D., Weill F. X., 2007. Antigenic Formulae of the Salmonella Serovars. 9th edition. World Health Organization Collaborating Centre for Reference and Research on Salmonella, Institut Pasteur: Paris, 166 p.

Hien O. C., 1999. Lutte intégrée contre la mortalité des pintadeaux en centre ouest du Burkina. Mémoire dea. Fast, université de Ouagadougou, 54p.

Hippolyne T., 2018. Chauffage des poussins d'un jour, httpp://www.techniques-avicoles.com, 6p.

Kroman I., 2018. Consommation de la volaille : «La pintade de chair arrive en quantité». https://www.lexpressionci.com, 11p

Laurenson P., 2002. Détermination des paramètres zootechniques de la pintade locale dans la région du Borgou. Mémoire d'Ingénieur. Faculté des Sciences Agronomiques de Gembloux.81p.

Le coz douin J., 1992. L'élevage de la pintade. Edition Point Vétérinaire : Maison Alfort. 252p.

Mishra S., Kataria J. M., Sah R. L., Verma K. C., Mishra J. P., 2001. Pathogenicity of Newcastle Disease virus isolate in guinea fowl. Trop. Anim. Health Prod.,33, 313-320p.

Nagalo M., 1984. Contribution à l'étude du parasitisme chez la Pintade commune *(Numida meleagris)* en HAUTE-VOLTA, thèse de doctorat, Université de Dakar, Ecole Inter-Etats des Sciences et Médecine Vétérinaires, 119p.

Nahashon S. N., Adefope N. A. A., Amenyenu D. W., 2006. Laying Performance of Pearl Gray Guinea Fowl Hens as Affected by Caging Density Laying. Poultry Science, Volume 85, numéro 9, 1682-1689p.

Nwagu B. I. et Alawa C. B. I., 1995. Guinea fowl production in Nigeria. World's Poultry Science Journal 51: 261-270p.

Okpokho N. A., Graig J. V., Milliken G. A., 1987. Poultry Science, Volume 66, Issue 8, 1288-1297p.

RGPH, 2014. Recensement Général de la population et de l'Habitat, Côte d'Ivoire, 15pages.

Salifou S., Doko S. Y., Salifou A. N., Pangui L. J., 2004. Acariens et insectes parasites de la pintade domestique (Numida meleagris galeata) dans les régions de l'Alibori et du Borgou (Nord-Est du Bénin). Rev. Afric. Sant. Prod. Anim., 2, 43-46 p.

Sanfo R., Boly H., Sawadogo L., Ogle B., 2007. Caractéristiques de l'élevage villageois de la pintade locale *(Numida Meleagris)* au centre du Burkina Faso. Tropicultura. 7p.

Sonaiya E. B., Swan S. E., 2004. Production en Aviculture familiale. Organisation Des Nations Unies pour l'Alimentation et l'Agriculture : Rome. 140 p.

Souillier G., 2010. Evaluation technico-économique d'une activité de recherche-d'action dans le département du Nord-Ouest en Haïti. Série « Master Of Science » n °102. 203p.

Tager K. P., Tibayrenc R., Garba D., 1992. Epidémiologie du parasitisme aviaire en élevage villageois dans les régions de Niamey, Niger. Rev. Elev. Méd. Vét. Pays Trop., 45, 139-147p.

Yao K. A., 2012. Importance socioéconomique de l'élevage de la volaille traditionnelle en milieu rural dans le département de Korhogo. 33p.

ANNEXES

Période	Traitement	Méthode d'administration	Dosage
1er jour	Eau sucrée Eau simple	Voie orale dans l'eau de boisson	5g/ 1
2ème au 5ème jour	HEPATURYL ALFACERYL	Voie orale dans l'eau de boisson	1g/ 1 1ml/ 1
6ème jour	Eau simple	Voie orale dans l'eau de boisson	
7ème jour	HB1 + H120 suivie de AMIN'TOTAL	Pulvérisation Voie orale dans l'eau de boisson	12 à 231 /1000 oiseaux 1g/ 5l
8ème au 10ème jour	AMIN'TOTAL	Voie orale dans l'eau de boisson	
11ème au 13ème jour	Eau simple	Voie orale dans l'eau de boisson	
14ème jour	Rappel du HB1 + H120 suivie de AMIN'TOTAL	Pulvérisation Voie orale dans l'eau de boisson	12 à 231 /1000 oiseaux 1g/ 5l
15ème au 17ème jour	AMIN'TOTAL	Voie orale dans l'eau de boisson	1g/ 5l
18ème au 20ème jour	ANTI STRESS FORTE WSP	Voie orale dans l'eau de boisson	1g/1,2l
21ème jour	Antiparasitaire (LEVALAP)	Voie orale dans l'eau de boisson	1g/ 1
22ème jour	ANTI STRESS FORTE WSP	Voie orale dans l'eau de boisson	1g/1,2l
25ème au 28ème	VETACOX	Voie orale dans l'eau de boisson	1g/ 5l
29ème et 30ème jour	ANTI STRESS FORTE WSP	Voie orale dans l'eau de boisson	1g/1,2l

a)   Mangeoire 1er âge

b)   Ampoule électrique de 100w

c) Installation des pintadeaux

d) Pintadeaux en phase de croissance